O Manual do BDSM: Um Guia Completo para Torções, Fetiches e Dinâmicas de Poder

Dr. Samuel Inbaraja S

Conteúdo

Como médico, não recomendo o envolvimento em atividades BDSM para alguns pacientes devido a vários motivos, que incluem os seguintes:

Riscos Físicos: As atividades BDSM podem envolver vários graus de intensidade física e dor. Para pacientes com certas condições médicas, como dor crônica, problemas cardíacos ou distúrbios musculoesqueléticos, praticar BDSM pode representar riscos adicionais ou exacerbar condições existentes. Nesses casos, eu desaconselharia as atividades BDSM para priorizar a saúde geral e o bem-estar do paciente.

Saúde mental: Embora o BDSM possa fornecer uma saída positiva para alguns indivíduos explorarem seus desejos e fantasias, pode não ser apropriado para outros. Para pacientes com histórico de trauma ou problemas de saúde mental, o envolvimento em atividades BDSM pode desencadear sofrimento emocional ou exacerbar problemas de saúde mental existentes. Nesses casos, posso desaconselhar a participação em BDSM até que a saúde mental do paciente esteja mais estável e ele esteja mais bem equipado para lidar com possíveis desafios emocionais.

Consentimento Informado e Comunicação: O consentimento e a comunicação são aspectos fundamentais das práticas éticas de BDSM. No entanto, alguns pacientes podem ter dificuldade em fornecer consentimento informado ou comunicar efetivamente seus limites e desejos. Para esses pacientes, posso não recomendar atividades BDSM até que tenham desenvolvido as habilidades e compreensão necessárias para se envolver nessas práticas de forma segura e consensual.

Riscos Legais Potenciais: Conforme descrito no Capítulo 1, existem riscos legais associados às atividades BDSM. Posso desaconselhar o envolvimento em práticas de BDSM para evitar possíveis complicações legais ou para proteger meus pacientes de consequências não intencionais que possam impactar negativamente suas vidas.

Em conclusão, embora o BDSM possa ser uma prática gratificante e consensual para muitos indivíduos, pode não ser adequado para todos. Como médico, é importante para mim considerar as necessidades de saúde física e mental únicas de cada paciente, bem como os possíveis riscos legais, ao fornecer orientação sobre se devo me envolver em atividades BDSM.

Que seu lema seja: "É melhor prevenir do que remediar"

Capítulo 1: Definindo BDSM e o básico de torções, fetiches e dinâmica de poder

BDSM é um acrônimo que significa Bondage and Discipline (B&D), Dominance and Submission (D&S) e Sadism and Masoquism (S&M). Abrange um amplo espectro de práticas e preferências que envolvem a troca consensual de poder, controle e sensação entre os indivíduos. No mundo do BDSM, as pessoas se envolvem em várias atividades que atendem aos seus desejos e fantasias específicos. Essas atividades podem variar de leves e lúdicas a intensas e extremas, dependendo das preferências dos participantes e dos limites negociados.

Kinks são tipicamente definidos como preferências sexuais não convencionais ou práticas que se desviam das normas sociais tradicionais. Eles podem incluir uma ampla variedade de interesses, como dramatizações, travestis ou a incorporação de objetos específicos como látex ou couro em atividades sexuais.

Os fetiches, por outro lado, são atrações específicas por objetos inanimados ou partes não genitais do corpo que são necessárias para que um indivíduo experimente a gratificação sexual. Por exemplo, alguém com fetiche por pés sente prazer em interagir com os pés em um contexto sexual.

A dinâmica do poder é um aspecto central do BDSM e refere-se à troca consensual de controle entre os participantes. Essa troca pode assumir muitas formas, como o parceiro dominante controlando as ações do parceiro submisso ou um submisso voluntariamente abrindo mão do controle sobre aspectos específicos de sua vida para o parceiro dominante.

A importância da comunicação, consentimento e segurança no BDSM

Como em qualquer atividade sexual ou interpessoal, comunicação, consentimento e segurança são elementos essenciais do BDSM. Os participantes devem estabelecer confiança e compreensão antes de se envolver em qualquer atividade BDSM. Isso inclui discutir limites, limites, desejos e expectativas de forma aberta e honesta.

O consentimento é um processo contínuo, não um acordo único. Deve ser claro, entusiástico e informado. Ambos os parceiros devem se sentir à vontade para expressar seus desejos, bem como quaisquer preocupações ou hesitações. Check-ins regulares durante as atividades BDSM garantem que todos permaneçam na mesma página e confortáveis com a experiência contínua.

A segurança é fundamental no BDSM. Os participantes devem ser bem informados sobre os riscos e possíveis complicações associadas às atividades escolhidas. Também devem se familiarizar com o uso adequado de equipamentos, técnicas de mitigação de riscos e procedimentos de primeiros socorros ou emergências, se necessário. Estabelecer uma palavra de segurança ou sinal que possa ser usado para comunicar a necessidade de pausar ou interromper a atividade também é essencial para manter um ambiente seguro e consensual.

Abordando equívocos e estereótipos comuns

Existem vários equívocos e estereótipos em torno do BDSM que podem criar mal-entendidos e perpetuar mitos nocivos. Alguns equívocos comuns incluem a crença de que o BDSM é inerentemente abusivo, que os participantes são mentalmente instáveis ou que as atividades BDSM sempre envolvem dor e atos extremos.

Na realidade, o BDSM é baseado nos princípios de consentimento, comunicação e segurança. Embora certas atividades possam envolver a troca consensual de dor ou controle, nem todas as práticas de BDSM são centradas nesses elementos. Além disso, os participantes do BDSM não são inerentemente mentalmente instáveis ou danificados. Em vez disso, muitas vezes são indivíduos com desejos e fantasias saudáveis que escolheram explorar e expressar sua sexualidade de forma consensual e informada.

É crucial desafiar e desmascarar esses equívocos e estereótipos para promover a compreensão, aceitação e apoio para aqueles que optam por se envolver em práticas BDSM. Isso, por sua vez, ajuda a criar um ambiente mais seguro e inclusivo para todos os envolvidos .

BDSM e a Lei

Compreendendo as Questões Legais que Envolvem as Práticas BDSM
1.1 Leis de Agressão e Consentimento: Práticas de BDSM envolvendo a imposição de dor ou contenção física podem estar sob o alcance das leis de agressão em algumas jurisdições. Embora o consentimento possa ser uma defesa em alguns casos, os sistemas legais nem sempre reconhecem as atividades BDSM consensuais como uma defesa válida contra acusações de agressão (Wright, 2006).

1.2 Privacidade e Indecência Pública: Envolver-se em atividades BDSM em espaços públicos ou visíveis ao público pode resultar em acusações de indecência pública ou violações das leis de obscenidade. Para minimizar os riscos legais, as atividades BDSM devem ser mantidas privadas e discretas (Dressler, 2011).

1.3 Idade de Consentimento e Populações Vulneráveis: Envolver-se em atividades BDSM com menores ou indivíduos que não podem consentir legalmente devido a deficiências cognitivas ou intoxicação pode resultar em graves acusações criminais. É essencial garantir que todas as partes envolvidas sejam maiores de idade e capazes de fornecer consentimento informado (Fernandes, 2010).

A importância do consentimento e da segurança no BDSM
2.1 Consentimento: O consentimento é a pedra angular das práticas éticas de BDSM e é essencial que os parceiros se comuniquem abertamente sobre seus desejos, limites e

limitações. O consentimento deve ser entusiástico, informado e contínuo, com o entendimento de que pode ser retirado a qualquer momento (Barker, 2013).

2.2 Segurança: Praticar BDSM com segurança envolve compreender os riscos potenciais associados a várias atividades, implementar medidas de segurança (por exemplo, palavras seguras, equipamento adequado) e estar atento ao bem-estar físico e emocional de todas as partes envolvidas (Easton & Hardy, 2001).

Abordando riscos legais em relacionamentos BDSM

3.1 Documentando o Consentimento: Embora não seja infalível defesa contra desafios legais, documentar o consentimento por meio de acordos escritos ou conversas gravadas pode fornecer evidências de consentimento e ajudar a esclarecer as expectativas e os limites dentro de um relacionamento BDSM (Dressler, 2011).

3.2 Assistência Jurídica: Se confrontado com questões legais relacionadas com as práticas BDSM, é aconselhável procurar aconselhamento jurídico com experiência na área específica da lei relevante para a situação. Organizações BDSM locais ou nacionais podem fornecer referências a advogados experientes (Wright, 2006).

3.3 Apoio e defesa da comunidade: Envolver-se com a comunidade BDSM mais ampla pode fornecer recursos e apoio valiosos ao navegar por questões legais. Organizações como a National Coalition for Sexual Freedom (NCSF) trabalham para defender os direitos dos praticantes de BDSM e fornecem recursos educacionais relacionados a questões legais (National Coalition for Sexual Freedom, nd).

Referências:

Barker, M. (2013). Consentimento em BDSM. Em M. Barker, D. Langdridge, & A. Gupta (Eds.), Consent: Power, Desire, and Emancipation (pp. 123-135). Palgrave Macmillan.

Dressler, J. (2011). Obscenidade, Pornografia e a Lei. Em J. Dressler & F. Schauer (Eds.), Cases and Materials on Criminal Law (6ª ed., pp. 661-680). Publicação Acadêmica Ocidental.

Easton, D. & Hardy, JW (2001). O novo livro de cobertura. Imprensa Verde.

Fernandes, EB (2010). Consentimento, poder e erro de fato no estupro. O Jornal de Direito Penal, 74 (1), 51-66.

Coalizão Nacional pela Liberdade Sexual. (nd). Missão NCSF. Obtido em https://ncsfreedom.org/who-we-are/about-ncsf/

Wright, RG (2006). Leis para agressores sexuais: políticas fracassadas, novas direções

Capítulo 2: Entendendo os papéis e relacionamentos no BDSM

Tipos de Relacionamentos BDSM

Os relacionamentos BDSM podem assumir várias formas, incluindo, mas não se limitando a, dominante/submisso (D/s), mestre/escravo (M/s) e dinâmica superior/inferior. Alguns relacionamentos também podem envolver elementos de sadomasoquismo (S/M) ou outras atividades pervertidas (Brame , 2013). Cada relacionamento é único e os parceiros devem discutir seus desejos, preferências e limites para garantir uma dinâmica mutuamente satisfatória.

Diferentes tipos de relacionamentos BDSM

Os relacionamentos BDSM podem assumir várias formas, cada uma com dinâmicas e características únicas. Alguns tipos comuns de relacionamentos BDSM incluem:

1.1 Dominante/submisso (D/s): Em um relacionamento D/s, um parceiro assume o papel de Dominante, enquanto o outro assume o papel de submisso. O parceiro dominante pode ter controle sobre certos aspectos da vida do parceiro submisso, e o parceiro submisso consente voluntariamente com a troca de poder (Wiseman, 1996).

1.2 Mestre/escravo (M/s): os relacionamentos M/s geralmente envolvem uma troca de poder mais intensa do que os relacionamentos D/s. O Mestre tem um alto nível de autoridade sobre o escravo, de quem se espera que sirva e obedeça ao seu Mestre em vários aspectos de sua vida. Esse tipo de relação pode envolver uma dinâmica 24 horas por dia, 7 dias por semana, na qual a troca de poder é mantida o tempo todo (Rubel, 2002).

1.3 Top/bottom: Os relacionamentos top/bottom se concentram nos papéis assumidos durante as atividades BDSM, ao invés de uma troca de poder mais ampla. O Top assume o papel ativo e controlador durante uma cena, enquanto o bottom assume o papel passivo e receptor. Esses papéis podem ser fluidos e os parceiros podem trocar de papéis dentro do relacionamento (Easton & Hardy, 2001).

1.4 Sadomasoquismo (S/M): as relações S/M envolvem a troca de dor e/ou humilhação entre os parceiros, com um parceiro assumindo o papel de sádico (infligir dor) e o outro de masoquista (receber dor). Essas dinâmicas podem existir dentro de qualquer um dos tipos de relacionamento mencionados anteriormente (Brame , 2013).

Cada relacionamento é único e os parceiros devem discutir seus desejos, preferências e limites para criar uma dinâmica mutuamente satisfatória.

Construindo Confiança e Comunicação em Relacionamentos BDSM

Confiança e comunicação são os pilares de qualquer relacionamento BDSM saudável. Os parceiros devem priorizar discussões abertas e honestas sobre suas necessidades, desejos e limites para estabelecer uma base sólida para seu relacionamento.

2.1 Estabelecendo confiança: A confiança é construída ao longo do tempo por meio de uma comunicação consistente e aberta e pela demonstração de respeito pelos limites, sentimentos e experiências de cada um. Os parceiros devem compartilhar seus desejos, medos e preocupações para promover uma sensação de intimidade emocional e segurança dentro do relacionamento (Barker, 2013).

2.2 Comunicação aberta: A comunicação eficaz é essencial para manter a confiança e garantir que ambos os parceiros se sintam compreendidos e respeitados. Os parceiros devem discutir abertamente suas experiências, fantasias e limites, e estar dispostos a ouvir ativamente e com empatia as perspectivas um do outro (Taormino , 2008).

2.3 Negociando Limites: Uma comunicação clara sobre os limites é crucial para garantir uma dinâmica BDSM consensual e agradável. Os parceiros devem se envolver em conversas contínuas sobre seus limites e preferências e estar abertos para ajustar seus limites à medida que seu relacionamento evolui ou surgem novas situações (Wiseman, 1996).

Ao focar na construção de confiança e comunicação, os parceiros podem criar um relacionamento BDSM seguro, satisfatório e emocionalmente favorável.

3.1 Estabelecendo Confiança e Comunicação

Confiança e comunicação são os pilares de qualquer relacionamento BDSM saudável. Os parceiros devem ser abertos e honestos sobre suas necessidades, desejos e limites, e devem se sentir à vontade para discutir quaisquer preocupações ou problemas que possam surgir (Barker, 2013).

3.2 Algumas estratégias para promover a confiança e a comunicação incluem:

Discutir abertamente experiências, fantasias e limites

Estabelecendo palavras seguras ou sinais para uso durante atividades BDSM

Verificar regularmente um ao outro para discutir sentimentos, preocupações e quaisquer mudanças nas preferências ou limites

3.3 Dinâmicas e papéis do poder de negociação

A dinâmica de poder e os papéis dentro de um relacionamento BDSM podem ser fluidos, e os parceiros devem negociar as especificidades de sua dinâmica juntos. Isso pode incluir a determinação do tipo de relacionamento (por exemplo, D/s, M/s ou Top/bottom), o nível de controle e autoridade que cada parceiro terá e quaisquer regras, rituais ou protocolos específicos que serão implementados (Easton e Hardy, 2001).

3.4 Equilibrando BDSM e Vida Diária

Integrar atividades BDSM e dinâmicas de poder na vida diária pode ser um aspecto gratificante e gratificante de um relacionamento BDSM. No entanto, é importante que os parceiros mantenham um equilíbrio entre sua dinâmica BDSM e outros aspectos de suas vidas, como trabalho, família e obrigações sociais (Taormino , 2008). Comunicação e negociação são fundamentais para encontrar um equilíbrio que funcione para ambos os parceiros.

3.5 Navegando no poliamor e na não-monogamia em relacionamentos BDSM

Alguns relacionamentos BDSM podem envolver arranjos poliamorosos ou não monogâmicos, onde os parceiros têm múltiplas conexões românticas ou sexuais com outras pessoas (Sheff, 2014). Nesses casos, uma comunicação aberta e acordos claros são essenciais para garantir que todos os parceiros se sintam valorizados, respeitados e seguros em seus relacionamentos.

3.6 Gerenciando a saúde mental e o bem-estar emocional

Envolver-se em atividades BDSM e dinâmicas de poder pode ser emocional e
psicologicamente intenso. É essencial que os parceiros estejam atentos à sua saúde mental
e bem-estar emocional, procurando apoio quando necessário e abordando quaisquer
sentimentos negativos que possam surgir (Simula, 2019).

Referências:

Barker, M. (2013). Consentimento em BDSM. Em M. Barker, D. Langdridge, & A. Gupta
(Eds.), Consent: Power, Desire, and Emancipation (pp. 123-135). Palgrave Macmillan.

Brame , G. (2013). Amor diferente: o mundo do domínio e submissão sexual. Villard Livros.

Easton, D. & Hardy, JW (2001). O novo livro de cobertura. Imprensa Verde.

Sheff, E. (2014). The Polyamorists Next Door: dentro de relacionamentos e famílias com
vários parceiros. Rowman e Littlefield.

Simula, BL (2019). Nas Margens: Considerando a Intersecção de BDSM e Saúde Mental.
Sexual and Relationship Therapy, 34(1), 104-116.

Taormino , T. (2008). Abertura : um guia para criar e manter relacionamentos abertos. Cleis
Imprensa

Rubel, R. (2002). Relações Mestre/escravo: Manual de Teoria e Prática. Corporação das Planícies de Nazca.

Explorando os papéis dominantes e submissos no BDSM

No BDSM, os papéis dominante e submisso são parte integrante da dinâmica de poder em jogo. Um dominante, ou "Dom", é o indivíduo que assume o controle e assume a autoridade no relacionamento ou cena. Eles podem orientar as atividades, estabelecer regras e tomar decisões em nome do parceiro submisso. Dominantes podem ser de qualquer gênero e podem exibir vários níveis de autoridade e controle, dependendo da dinâmica específica do relacionamento.

Submissos, ou "subs", são indivíduos que voluntariamente abrem mão do controle para o parceiro dominante. Eles podem seguir as instruções do dominante, aderir às regras estabelecidas ou permitir que o dominante tome decisões em seu nome. Como os dominantes, os submissos podem ser de qualquer gênero e podem apresentar diferentes graus de submissão, com base nas fronteiras negociadas e nos limites do relacionamento.

É importante notar que os papéis de dominante e submisso não são categorias estáticas ou rígidas. Em vez disso, eles são fluidos e podem mudar com base nas preferências e desejos dos indivíduos envolvidos.

Dinâmica de poder em relacionamentos BDSM

A dinâmica de poder está no centro dos relacionamentos BDSM, pois envolve a troca consensual de poder e controle entre os parceiros. A natureza específica dessas dinâmicas pode variar amplamente, pois depende das preferências, desejos e limites dos indivíduos envolvidos.

Alguns relacionamentos BDSM podem envolver uma troca contínua de poder, onde um parceiro mantém um papel dominante durante todo o relacionamento. Em outros casos, a dinâmica do poder pode entrar em jogo apenas durante cenas ou atividades específicas.

Além disso, a dinâmica do poder pode ser altamente ritualizada ou de natureza mais casual, dependendo das preferências dos participantes.

É essencial que os indivíduos envolvidos em relacionamentos BDSM comuniquem abertamente seus desejos e limites em relação à dinâmica de poder. Isso garante que ambos os parceiros entendam as necessidades, limites e expectativas um do outro e possam se engajar em uma troca de poder consensual e mutuamente satisfatória.

Alternando entre funções

Alguns indivíduos na comunidade BDSM se identificam como "interruptores", o que significa que eles se sentem confortáveis e gostam de assumir papéis dominantes e submissos. A troca pode ocorrer dentro de um único relacionamento ou cena, ou pode envolver diferentes relacionamentos ou parceiros. Por exemplo, uma pessoa pode ser dominante com um parceiro, mas submissa com outro, ou pode trocar de papéis durante diferentes cenas com o mesmo parceiro.

A troca pode fornecer aos indivíduos uma perspectiva única sobre a dinâmica do poder e aprimorar sua compreensão de seus próprios desejos e preferências. Também pode permitir mais flexibilidade e variedade nos relacionamentos e experiências BDSM.

No entanto, é crucial que os switches comuniquem seus desejos e limites com seus parceiros, pois eles podem ter limites ou expectativas diferentes dependendo do papel que assumem.

Alternar entre papéis pode ser um aspecto gratificante e emocionante do BDSM para aqueles que se identificam como interruptores. Isso permite que eles explorem vários aspectos de seus desejos e fantasias, ao mesmo tempo em que promovem uma compreensão mais profunda de suas próprias necessidades e limites e das de seus parceiros. Como em qualquer atividade BDSM, comunicação aberta, consentimento e segurança são essenciais para garantir uma experiência positiva e mutuamente satisfatória.

Concluindo, compreender os papéis e a dinâmica de poder do BDSM é essencial para qualquer pessoa interessada em se envolver em atividades ou relacionamentos BDSM. Ao explorar os papéis dominantes e submissos, compreendendo as nuances da dinâmica do poder e abraçando a possibilidade de alternar entre os papéis, os indivíduos podem criar experiências mais gratificantes, consensuais e satisfatórias dentro do reino do BDSM.

Referências:

Barker, M., Iantaffi , A., & Gupta, C. (2007). Clientes excêntricos, aconselhamento excêntrico? Os desafios e potenciais do BDSM. Em L. Moon (Ed.), Feeling Queer ou Queer Feelings: Radical Approaches to Counselling Sex, Sexualities and Genders (pp. 106-124). Londres: Routledge.

Williams, DJ, Prior, EE, Alvarado, T., Thomas, JN e Christensen, MC (2016). Bondage e Disciplina, Dominação e Submissão e Sadomasoquismo são Lazer Recreativo? Uma Investigação Exploratória Descritiva. O Jornal de Medicina Sexual, 13 (7), 1091-1094.

Taormino , T. (2012). The Ultimate Guide to Kink: BDSM, Role Play and the Erotic Edge. Imprensa Cleis .

Newmahr , S. (2010). Repensando a torção: sadomasoquismo como lazer sério. Sociologia Qualitativa, 33(3), 313-331.

Sagarin, BJ, Cutler, B., Cutler, N., Lawler-Sagarin, KA, & Matuszewich , L. (2009). Alterações hormonais e união do casal na atividade sadomasoquista consensual. Archives of Sexual Behavior , 38(2), 186-200.

Capítulo 3: Escravidão e Disciplina

Bondage é uma prática dentro do BDSM que envolve a contenção física de um indivíduo usando várias técnicas e materiais. Alguns tipos comuns de bondage incluem bondage de corda, onde as cordas são usadas para criar padrões intrincados e proteger o corpo do submisso; algemas ou grilhões, que podem ser usados para prender pulsos ou tornozelos; e barras espaçadoras, que mantêm as pernas ou braços afastados, limitando o movimento.

Além disso, a escravidão pode envolver o uso de coleiras, mordaças ou vendas para restringir ainda mais o movimento, a fala ou a visão.

A disciplina, por outro lado, refere-se ao uso de regras, punições ou treinamento para guiar o comportamento do submisso . Isso pode envolver comandos verbais, punições físicas ou outras técnicas destinadas a reforçar a autoridade e o controle do dominante. Exemplos de disciplina incluem surras, açoites ou o uso de humilhação ou elogios para reforçar os comportamentos desejados .

Escolhendo Restrições e Equipamentos Seguros

Ao selecionar restrições e equipamentos para bondage e disciplina, a segurança deve ser uma prioridade. É essencial escolher produtos de alta qualidade e bem feitos que não causem danos ou ferimentos desnecessários. Alguns fatores a serem considerados ao selecionar restrições e equipamentos incluem:

Material: Escolha materiais fortes, duráveis e confortáveis contra a pele. A corda feita de fibras naturais como algodão ou cânhamo é frequentemente recomendada para bondage, pois é menos provável que cause queimaduras ou atrito.

Tamanho: Certifique-se de que as restrições e os equipamentos sejam do tamanho apropriado para o indivíduo que está sendo contido. Contenções mal ajustadas podem causar desconforto, perda de circulação ou ferimentos.

Ajustabilidade: Opte por restrições que são ajustáveis e fáceis de prender ou liberar. Isso permite um ajuste mais personalizado e reduz o risco de lesões devido a restrições excessivamente apertadas ou soltas.

Peso e resistência: considere o peso e a resistência do equipamento, especialmente se houver suspensão ou restrições pesadas. Certifique-se de que todo o equipamento possa suportar com segurança o peso e a força que está sendo aplicada.

Palavras de segurança e sinais

Palavras de segurança e sinais são ferramentas essenciais para garantir o consentimento e a segurança durante as atividades BDSM. Uma palavra de segurança é uma palavra ou frase pré-determinada que, quando falada, indica que a atividade precisa ser pausada ou interrompida imediatamente. As palavras de segurança devem ser fáceis de lembrar, improváveis de serem usadas acidentalmente no contexto da cena e distintas da linguagem cotidiana.

Além das palavras de segurança verbais , sinais não-verbais podem ser empregados quando o uso de uma palavra de segurança não for possível, como durante engasgos ou respiração. Esses sinais podem incluir gestos manuais específicos, a queda de um objeto ou o uso de um som específico, como um apito ou sino.

Tanto as palavras de segurança quanto os sinais devem ser discutidos e acordados por todos os participantes antes de se envolver em qualquer atividade BDSM. Check-ins regulares durante a cena também podem ajudar a garantir que todos permaneçam confortáveis e seguros durante a experiência.

Cenário 1: Escravidão de corda

Nesse cenário, o parceiro dominante, Alex, decide introduzir o bondage com cordas em seu parceiro submisso, Taylor. Ambos os parceiros comunicaram seus desejos, estabeleceram consentimento e concordaram com uma palavra segura. Alex usa uma corda de fibra natural e macia para criar padrões intrincados ao redor do tronco, braços e pernas de Taylor, garantindo que a corda esteja segura, mas não muito apertada. À medida que a cena se desenrola, Alex faz check-in periodicamente com Taylor, garantindo seu conforto e bem-estar. Quando a cena termina, Alex remove cuidadosamente a corda e fornece cuidados posteriores adequados para Taylor.

Cenário 2: Disciplina de Palmadas

Neste cenário de dramatização, o parceiro dominante, Chris, age como um disciplinador estrito, enquanto o parceiro submisso, Jordan, assume o papel de aluno malcomportado. Chris informa a Jordan que eles devem ser punidos por suas transgressões e os instrui a se curvarem sobre uma cadeira. Depois de discutir sua palavra de segurança e verificar com Jordan, Chris começa a administrar uma série de palmadas firmes, mas medidas, nas nádegas de Jordan. À medida que a cena avança, Chris verifica continuamente com Jordan para garantir seu conforto e consentimento. A cena termina com Chris elogiando Jordan por aceitar bem o castigo e fornecer cuidados posteriores.

Cenário 3: Escravidão com Mordaça e Algema

Nesse cenário, o parceiro dominante, Sam, deseja incorporar a privação sensorial em sua cena com seu parceiro submisso, Riley. Depois de discutir os limites e estabelecer uma palavra de segurança não verbal , Sam coloca uma mordaça na boca de Riley, limitando sua fala. Sam então restringe os pulsos de Riley usando algemas acolchoadas e ajustáveis, garantindo que estejam seguras, mas não muito apertadas. Ao longo da cena, Sam monitora continuamente os sinais não verbais de Riley e verifica com frequência para garantir sua segurança e conforto. Após a cena, Sam remove as amarras e a mordaça e fornece cuidados posteriores a Riley, incluindo apoio emocional e toque físico suave.

Cenário 4: Disciplina de Humilhação

Nesse cenário, o parceiro dominante, Casey, decide usar a humilhação como forma de disciplinar seu parceiro submisso, Morgan. Depois de discutir limites, fronteiras e palavras de segurança , Casey instrui Morgan a tirar a roupa e se ajoelhar no canto da sala. Casey então começa a provocar e humilhar Morgan verbalmente, concentrando-se em áreas que eles discutiram e concordaram anteriormente. Ao longo da cena, Casey verifica com Morgan, garantindo que eles ainda estejam confortáveis e consentindo com a humilhação. A cena termina com Casey elogiando Morgan por sua obediência e fornecendo cuidados posteriores adequados.

Cenário 5: servidão por suspensão

Neste cenário avançado, o parceiro dominante, Lee, decide tentar a escravidão por suspensão com seu parceiro submisso experiente e consentido, Jamie. Ambos os parceiros participaram de workshops e aulas para aprender técnicas adequadas de suspensão e medidas de segurança. Depois de discutir limites e palavras de segurança , Lee usa equipamentos testados e de alta qualidade para suspender Jamie do chão com segurança em uma posição confortável e segura. Lee verifica freqüentemente com Jamie durante toda a cena, monitorando seu conforto e bem-estar. Quando a cena termina, Lee abaixa cuidadosamente Jamie no chão, libera-os da suspensão e fornece cuidados posteriores para atender a quaisquer necessidades físicas ou emocionais.

Guia de instruções passo a passo

Cenário 1: Escravidão de corda

Passo 1: Reúna os materiais

Escolha uma corda de fibra natural e macia, como algodão ou cânhamo, para evitar queimaduras por fricção ou atrito.

Passo 2: Aprenda nós e técnicas básicas

Pesquise e pratique nós básicos e técnicas de bondage com cordas, como laços de coluna simples e dupla, nós quadrados e engates.

Etapa 3: discuta o consentimento e os limites

Comunique-se com seu parceiro sobre o nível de conforto dele, estabeleça consentimento e concorde com uma palavra de segurança .

Passo 4: Comece a amarrar

Comece prendendo a corda a um ponto fixo ou ao redor do corpo de seu parceiro e, em seguida, prossiga com o padrão ou técnica de amarração desejada.

Etapa 5: verifique a tensão e o conforto

Certifique-se de que a corda esteja segura, mas não muito apertada, e converse com seu parceiro periodicamente para garantir seu conforto e bem-estar.

Etapa 6: liberação e cuidados posteriores

Quando a cena terminar, desamarre a corda com cuidado e forneça cuidados posteriores adequados ao seu parceiro, atendendo a quaisquer necessidades físicas ou emocionais.

Cenário 2: Disciplina de Palmadas

Etapa 1: discuta o consentimento e os limites

Converse com seu parceiro sobre o nível de conforto dele, estabeleça consentimento e concorde com uma palavra de segurança .

Etapa 2: escolha uma ferramenta de palmada

Decida se deve usar sua mão ou um instrumento de surra, como uma raquete ou chicote, com base nas preferências e experiência de seu parceiro.

Passo 3: Estabeleça uma posição confortável

Instrua seu parceiro a assumir uma posição confortável, como curvar-se sobre uma cadeira ou deitar de bruços na cama.

Passo 4: Aquecimento

Comece com palmadas leves e suaves para aquecer a pele do seu parceiro e prepará-lo para sensações mais intensas.

Passo 5: Aumente gradualmente a intensidade

Aumente lentamente a intensidade e a força das palmadas, verificando com seu parceiro para garantir seu conforto e consentimento.

Etapa 6: resfriamento e cuidados posteriores

Diminua gradualmente a intensidade das palmadas à medida que a cena termina e, em seguida, forneça cuidados posteriores adequados, incluindo apoio emocional e toque físico suave.

Cenário 3: Escravidão com Mordaça e Algema

Etapa 1: discuta o consentimento e os limites

Comunique-se com seu parceiro sobre seu nível de conforto, estabeleça consentimento e concorde com uma palavra de segurança e um sinal não verbal.

Etapa 2: escolha as restrições apropriadas

Selecione uma mordaça de bola confortável e ajustável e algemas acolchoadas ou restrições de pulso.

Passo 3: Aplique a mordaça

Prenda a mordaça na boca do seu parceiro, certificando-se de que não está muito apertada e permite uma respiração confortável.

Passo 4: Aplique as algemas

Prenda os pulsos de seu parceiro com as algemas, certificando-se de que estejam firmes, mas não muito apertados, e verificando periodicamente a circulação adequada.

os sinais do seu parceiro

Ao longo da cena, observe os sinais não verbais de seu parceiro e verifique com frequência para garantir sua segurança e conforto.

Etapa 6: liberação e cuidados posteriores

Quando a cena terminar, remova as amarras e a mordaça e forneça cuidados posteriores adequados, incluindo apoio emocional e toque físico suave.

Cenário 4: Disciplina de Humilhação

Etapa 1: discuta o consentimento e os limites

Converse com seu parceiro sobre o nível de conforto dele, estabeleça consentimento e concorde com uma palavra de segurança .

Passo 2: Escolha técnicas de humilhação

Determine quais técnicas de humilhação usar, concentrando-se nas áreas previamente discutidas e acordadas com seu parceiro.

Passo 3: Defina a cena

Instrua seu parceiro a assumir uma posição adequada ou realizar uma tarefa que facilite a humilhação, como se despir ou se ajoelhar em um canto.

Passo 4: Administre a humilhação

Comece a humilhação, usando técnicas verbais ou físicas conforme acordado com seu parceiro.

Etapa 5: faça o check-in com seu parceiro

Ao longo da cena, verifique com seu parceiro para garantir seu conforto e consentimento e monitore sua linguagem corporal e reações.

Passo 6: Conclua a cena

Acabe gradualmente com a humilhação, elogiando seu parceiro por sua obediência e submissão.

Passo 7: Forneça cuidados posteriores

Ofereça cuidados posteriores adequados, abordando quaisquer necessidades físicas ou emocionais e tranquilizando seu parceiro com seu afeto e cuidado.

Cenário 5: servidão por suspensão

Etapa 1: aprender técnicas e medidas de segurança adequadas

Participe de workshops e aulas para adquirir conhecimento sobre técnicas de bondage por suspensão e precauções de segurança.

equipamentos de alta qualidade

Obtenha equipamentos de suspensão com peso testado, como mosquetões, placas de amarração e anéis de suspensão, bem como cordas fortes e duráveis.

Etapa 3: discuta o consentimento e os limites

Comunique-se com seu parceiro experiente sobre seu nível de conforto, estabeleça consentimento e concorde com uma palavra de segurança .

Etapa 4: configurar pontos de suspensão

Fixe os pontos de suspensão, garantindo que eles possam suportar com segurança o peso e a força da suspensão.

Passo 5: Comece a suspensão

Amarre seu parceiro usando técnicas apropriadas, como um arnês de peito ou quadril, e prenda-o aos pontos de suspensão usando o equipamento necessário.

o bem-estar do seu parceiro

Verifique frequentemente com seu parceiro durante toda a cena, observando sinais de desconforto, perda de circulação ou angústia.

Etapa 7: liberação e cuidados posteriores

Quando a cena terminar, abaixe cuidadosamente seu parceiro até o chão, solte-o da suspensão e forneça cuidados posteriores para atender a quaisquer necessidades físicas ou emocionais.

Referências:

Wiseman, J. (1996). SM 101: Uma introdução realista. Imprensa Verde.

Hardy, J., & Easton, D. (2004). O novo livro de cobertura. Imprensa Verde.

Thorne, D. (2017). O Manual da Senhora: O Guia da Boa Garota para a Dominação Feminina. Imprensa Verde.

Nichols, M. (2006). Inteligência sexual: o que realmente queremos do sexo - e como obtê-lo. HarperOne .

Barker, M., & Langdridge, D. (2013). Seguro, são e consensual: perspectivas contemporâneas sobre sadomasoquismo. Palgrave Macmillan.

Entendendo o Pain Play no BDSM

O jogo da dor é um aspecto do BDSM que envolve a imposição ou recepção consensual da dor com o propósito de prazer ou excitação. O sadismo refere-se a obter prazer ao infligir dor, enquanto o masoquismo refere-se a obter prazer ao sentir dor. É essencial entender que o jogo de dor no BDSM é consensual e negociado entre todas as partes envolvidas e não deve ser confundido com comportamento não consensual ou abusivo .

Tipos de atividades sádicas e masoquistas

Existem inúmeras atividades sádicas e masoquistas que podem ser exploradas dentro do contexto BDSM. Alguns exemplos comuns incluem:

Jogo de impacto: envolve golpear o corpo usando as mãos ou implementos, como chicotes, remos ou bengalas. A intensidade do jogo de impacto pode variar de toques leves a golpes mais fortes.

Jogo de temperatura: Esta forma de jogo usa sensações de calor ou frio para criar prazer ou dor. Exemplos incluem o uso de cubos de gelo, jogos de cera com velas ou uso de géis ou bálsamos para aquecimento e resfriamento.

Jogo de sensações: esse tipo de jogo envolve estimular os sentidos do corpo, geralmente por meio do uso de objetos texturizados ou pontiagudos, como rodas de Wartenberg , penas ou cata-ventos.

Brincar com os mamilos: Brincar com os mamilos pode envolver beliscar, torcer ou usar pinças de mamilo para aplicar pressão e dor nos mamilos.

Jogo elétrico: envolve o uso de dispositivos que fornecem correntes elétricas, como unidades TENS ou bastões violetas, para estimular o corpo e criar sensações prazerosas ou dolorosas.

Cuidando de você e de seu parceiro após brincadeiras intensas

Depois de se envolver em um intenso jogo de dor, é crucial fornecer cuidados adequados e cuidados posteriores para ambos os parceiros. Alguns passos a seguir incluem:

Verifique se há ferimentos: Examine o corpo em busca de hematomas, cortes ou marcas que possam exigir atenção. Se necessário, preste os primeiros socorros ou procure atendimento médico.

Hidratar e nutrir: Certifique-se de que ambos os parceiros bebam água e comam um pequeno lanche para repor os níveis de energia após uma cena intensa.

Forneça apoio emocional: discuta a experiência e forneça segurança, afeto e apoio um ao outro.

Envolva-se no toque físico: ofereça um toque físico suave, como abraços, carícias ou massagens, para ajudar a reconectar e aliviar qualquer desconforto persistente.

Reflita e comunique: depois de uma cena, discuta o que funcionou bem, o que poderia ser melhorado e quaisquer emoções ou reações que surgiram durante a experiência.

Cenário 1: Jogo de Impacto com um Flogger

Etapa 1: escolha o flogger certo

Selecione um flogger com pegada confortável e caudas feitas de um material apropriado para a intensidade desejada, como couro ou camurça.

Etapa 2: discuta o consentimento e os limites

Converse com seu parceiro sobre o nível de conforto dele, estabeleça consentimento e concorde com uma palavra de segurança .

Etapa 3: determine as áreas -alvo

Identifique áreas seguras para atacar, como nádegas, parte superior das coxas e parte superior das costas, evitando áreas sensíveis como coluna, pescoço e articulações.

Passo 4: Pratique sua técnica

Antes de se envolver em um jogo de impacto com um parceiro, pratique sua técnica de balanço e golpe em um travesseiro ou outro objeto inanimado.

Passo 5: Comece a cena

Comece com golpes leves e suaves, aumentando gradualmente a intensidade enquanto verifica com seu parceiro para garantir seu conforto e consentimento.

Passo 6: Conclua a cena

Diminua gradualmente a intensidade dos golpes e encerre a cena.

Passo 7: Forneça cuidados posteriores

Ofereça cuidados posteriores adequados, abordando quaisquer necessidades físicas ou emocionais e discutindo a experiência juntos.

Cenário 2: jogo de cera

velas certas

Selecione velas projetadas especificamente para jogos de cera, que têm um ponto de fusão mais baixo e são menos propensas a causar queimaduras.

Etapa 2: discuta o consentimento e os limites

Comunique-se com seu parceiro sobre o nível de conforto dele, estabeleça consentimento e concorde com uma palavra de segurança .

Passo 3: Prepare o espaço

Cubra a área de jogo com um lençol ou lona protetora para reter os pingos de cera e facilitar a limpeza .

Passo 4: Acenda a vela

Acenda a vela de cera e deixe uma pequena quantidade de cera derreter.

Passo 5: Teste a temperatura da cera

Antes de aplicar cera no corpo do seu parceiro, teste a temperatura pingando uma pequena quantidade em sua própria pele.

Passo 6: Comece a cena

Comece pingando cera de uma distância segura em áreas menos sensíveis, como costas ou coxas, passando gradualmente para outras áreas conforme desejado.

Passo 7: Conclua a cena

Apague a vela e remova suavemente a cera resfriada da pele de seu parceiro.

Passo 8: Forneça cuidados posteriores

Ofereça cuidados posteriores adequados, abordando quaisquer necessidades físicas ou emocionais e discutindo a experiência juntos.

Cenário 3: Jogo de Sensação com uma Roda de Wartenberg

Passo 1: Obtenha um Wartenberg roda

Compre uma roda de Wartenberg , que é um pequeno dispositivo de metal com uma alça e uma roda giratória com pontas afiadas e uniformemente espaçadas.

Etapa 2: discuta o consentimento e os limites

Converse com seu parceiro sobre o nível de conforto dele, estabeleça consentimento e concorde com uma palavra de segurança .

Etapa 3: determine as áreas -alvo

Identifique áreas seguras para usar a roda de Wartenberg , evitando peles sensíveis ou delicadas, como rosto ou genitais, a menos que especificamente negociado.

Passo 4: Comece a cena

Comece rolando suavemente a roda de Wartenberg na pele de seu parceiro, aumentando gradualmente a pressão ou a velocidade conforme desejado.

Passo 5: Conclua a cena

Reduza gradualmente a intensidade do jogo de sensações e encerre a cena.

Passo 6: Forneça cuidados posteriores

Ofereça cuidados posteriores adequados, abordando quaisquer necessidades físicas ou emocionais e discutindo a experiência juntos.

Cenário 4: jogo de mamilo com grampos

Etapa 1: escolha as pinças de mamilo certas

Selecione grampos de mamilo que sejam ajustáveis e tenham acolchoamento protetor ou capas nas pontas para evitar ferimentos.

Etapa 2: discuta o consentimento e os limites

Comunique-se com seu parceiro sobre o nível de conforto dele, estabeleça consentimento e concorde com uma palavra de segurança .

Passo 3: Comece a cena

Estimule suavemente os mamilos de seu parceiro para aumentar a sensibilidade antes de aplicar as pinças.

Etapa 4: aplique as pinças de mamilo.

Prenda cuidadosamente os grampos de mamilo aos mamilos de seu parceiro, ajustando o aperto conforme necessário para atingir o nível de intensidade desejado.

Passo 5: Incorpore outras sensações.

Enquanto as pinças estiverem no lugar, considere incorporar outras sensações, como acariciar, beijar ou usar um vibrador em outras áreas do corpo.

Passo 6: Remova os grampos.

Após um período combinado ou quando seu parceiro indicar que está pronto, remova cuidadosamente as pinças, permitindo que o fluxo sanguíneo retorne à área.

Passo 7: Conclua a cena.

Gradualmente, termine o jogo do mamilo, concentrando-se em fornecer um toque suave e calmante à área afetada.

Passo 8: Forneça cuidados posteriores.

Ofereça cuidados posteriores adequados, abordando quaisquer necessidades físicas ou emocionais e discutindo a experiência juntos.

Cenário 5: Electro Play com uma unidade TENS

Passo 1: Obtenha uma unidade TENS.

Compre uma unidade TENS projetada especificamente para tocar eletro, que inclui configurações ajustáveis para intensidade e frequência.

Passo 2: Discuta o consentimento e os limites.

Converse com seu parceiro sobre o nível de conforto dele, estabeleça consentimento e concorde com uma palavra segura.

Passo 3: Prepare a pele.

Certifique-se de que a pele do seu parceiro esteja limpa e sem óleos ou loções para promover a condutividade adequada.

Passo 4: Conecte os eletrodos.

Coloque os eletrodos no corpo de seu parceiro em áreas seguras, como coxas, nádegas ou braços, evitando áreas sensíveis como pescoço, rosto ou genitais, a menos que seja especificamente negociado.

Passo 5: Comece a cena.

Inicie a unidade TENS em baixa intensidade, aumentando gradualmente a potência conforme desejado, enquanto verifica com seu parceiro para garantir seu conforto e consentimento.

Passo 6: Conclua a cena.

Diminua gradualmente a intensidade da estimulação elétrica e desligue a unidade TENS.

Passo 7: Remova os eletrodos.

Remova cuidadosamente os eletrodos da pele do seu parceiro, certificando-se de não causar nenhum desconforto ou irritação.

Passo 8: Forneça cuidados posteriores.

Ofereça cuidados posteriores adequados, abordando quaisquer necessidades físicas ou emocionais e discutindo a experiência juntos.

Referências:

Easton, D., & Hardy, J. (2001). O novo livro de fundo. Imprensa Verde.

Taormino , T. (2012). The Ultimate Guide to Kink: BDSM, Role Play and the Erotic Edge. Imprensa Cleis .

Wiseman, J. (1996). SM 101: Uma introdução realista. Imprensa Verde.

Barker, M., Iantaffi , A., & Gupta, C. (2007). Clientes excêntricos, aconselhamento excêntrico? Os desafios e potenciais do BDSM. Em L. Moon (Ed.), Feeling Queer ou Queer Feelings? Abordagens Radicais ao Aconselhamento sobre Sexo, Sexualidades e Gêneros (pp. 106-124). Routledge.

Sagarin, BJ, Cutler, B., Cutler, N., Lawler-Sagarin, KA, & Matuszewich , L. (2009). Alterações hormonais e união do casal na atividade sadomasoquista consensual. Archives of Sexual Behavior , 38(2), 186-200.

Fetiches e Manias Comuns no BDSM

Fetiches e kinks são um aspecto significativo do BDSM, pois representam os diversos desejos e interesses dos indivíduos dentro da comunidade. Alguns fetiches e torções comuns no BDSM incluem:

Fetiche por pés: Um fascínio por pés, muitas vezes envolvendo atividades como adoração de pés, massagens nos pés ou beijos e lambidas nos pés.

Fetiche por látex e couro: Uma preferência por usar ou ver outros usarem látex, couro ou outros materiais semelhantes, muitas vezes por sua rigidez, brilho ou pela sensação que criam na pele.

Dramatização: O ato de assumir papéis ou personagens específicos durante uma cena BDSM, como professor/aluno, médico/paciente ou animal/dono.

Cross-dressing: O ato de usar roupas tipicamente associadas ao gênero oposto, às vezes como parte de um cenário de dramatização ou para explorar a identidade de gênero de alguém.

Exibicionismo e voyeurismo: O exibicionismo envolve o prazer de ser observado, enquanto o voyeurismo se refere ao prazer derivado de observar os outros, geralmente em situações sexuais ou íntimas.

Compreensão e Exploração dos Desejos Individuais

Para entender e explorar os desejos individuais, é importante se envolver em auto-reflexão e comunicação com os parceiros. Alguns passos a serem tomados incluem:

Eduque-se: aprenda sobre vários fetiches e torções lendo livros, artigos ou participando de workshops para entender melhor os diferentes desejos.

Auto-reflexão: considere suas próprias fantasias, desejos e experiências passadas para identificar o que pode interessá-lo no reino do BDSM.

Comunicação aberta: Discuta seus desejos e interesses com seu(s) parceiro(s) de forma aberta e honesta, criando um espaço seguro para ambos compartilharem seus pensamentos e sentimentos.

Experimentação: experimente diferentes atividades, papéis ou cenários dentro de uma estrutura consensual e negociada para descobrir o que você gosta e o que pode não ser atraente para você.

Reavalie: reavalie continuamente seus desejos e interesses, pois eles podem mudar ou evoluir com o tempo.

Encontrar uma comunidade que compartilhe seus interesses

Conectar-se com outras pessoas que compartilham seus interesses pode fornecer uma rede de suporte valiosa, bem como oportunidades de aprendizado e crescimento. Algumas maneiras de encontrar uma comunidade incluem:

Fóruns online e mídia social: Pesquise comunidades online, fóruns ou grupos de mídia social dedicados a BDSM, kinks e fetiches.

Eventos e workshops locais: participe de eventos, workshops ou aulas locais de BDSM para aprender mais sobre interesses específicos e conhecer pessoas com ideias semelhantes.

Munches: Participe de "munches", que são encontros sociais casuais e sem brincadeira para entusiastas de BDSM, como uma forma de se conectar com outras pessoas em um ambiente descontraído.

Clubes e organizações BDSM: Junte-se a clubes ou organizações BDSM locais que atendem a interesses específicos, oferecendo oportunidades para brincar, educar e socializar.

Conferências e convenções: Participe de conferências ou convenções BDSM maiores para se conectar com uma comunidade mais ampla e explorar vários aspectos da cultura BDSM.

Referências:

Easton, D., & Hardy, J. (2001). O novo livro de fundo. Imprensa Verde.

Taormino , T. (2012). The Ultimate Guide to Kink: BDSM, Role Play and the Erotic Edge. Imprensa Cleis .

Barker, M., Iantaffi , A., & Gupta, C. (2007). Clientes excêntricos, aconselhamento excêntrico? Os desafios e potenciais do BDSM. Em L. Moon (Ed.), Feeling Queer ou Queer Feelings? Abordagens Radicais ao Aconselhamento sobre Sexo, Sexualidades e Gêneros (pp. 106-124). Routledge.

Brame , G., Brame , W., & Jacobs, J. (1993). Amor diferente: o mundo do domínio e submissão sexual. Villard Livros.

5. Wiseman, J. (1996). SM 101: Uma introdução realista. Imprensa Verde.

Ao se envolver na auto-exploração e se conectar com uma comunidade de apoio, os indivíduos podem obter uma melhor compreensão de seus desejos, promover uma comunicação aberta com os parceiros e criar experiências gratificantes dentro do reino do BDSM. Abraçar os próprios interesses e desejos e respeitar os desejos dos outros é um aspecto essencial de uma experiência BDSM saudável e consensual.

Tratamentos disponíveis para fetiches

Fetiches são variações naturais na sexualidade humana e não são inerentemente problemáticos. No entanto, se um fetiche causa angústia, interfere na vida diária de alguém ou envolve indivíduos que não consentem, procurar tratamento pode ser útil. Existem várias opções de tratamento disponíveis para lidar com fetiches problemáticos, incluindo:

Psicoterapia: A psicoterapia pode ajudar os indivíduos a explorar as causas subjacentes de seus fetiches, abordar sentimentos de vergonha ou culpa e desenvolver mecanismos de enfrentamento mais saudáveis. A terapia cognitivo- comportamental (TCC) é uma abordagem amplamente utilizada que se concentra na identificação e mudança de padrões de pensamento e comportamentos negativos .

Terapia sexual: os terapeutas sexuais são profissionais treinados que se especializam em abordar questões e questões sexuais. Eles podem ajudar os indivíduos a entender melhor seus fetiches, explorar alternativas potenciais e desenvolver estratégias para manter relacionamentos e experiências sexuais saudáveis.

Terapia de grupo: A terapia de grupo pode fornecer um ambiente de apoio para os indivíduos compartilharem suas experiências, discutirem suas preocupações e aprenderem com as experiências dos outros. Isso pode ajudar a reduzir sentimentos de isolamento e vergonha.

Mindfulness e meditação: As práticas de mindfulness e meditação podem ajudar os indivíduos a desenvolver uma maior autoconsciência e regulação emocional, o que pode contribuir para uma melhor compreensão e gestão dos seus fetiches.

Medicação: Em alguns casos, a medicação pode ser prescrita para resolver problemas subjacentes, como depressão, ansiedade ou comportamentos compulsivos , que contribuem para fetiches problemáticos. Os inibidores seletivos da recaptação da serotonina (ISRSs) são uma classe comum de medicamentos prescritos para esses fins. É essencial consultar um profissional de saúde antes de iniciar qualquer medicação.

Hipnoterapia: Alguns indivíduos podem achar a hipnoterapia útil para lidar com fetiches, pois pode ajudar a descobrir padrões subconscientes e facilitar mudanças comportamentais . No entanto, a eficácia da hipnoterapia para o tratamento de fetiches ainda é debatida e mais pesquisas são necessárias.

É crucial lembrar que o tratamento para fetiches só deve ser procurado se eles estiverem causando angústia ou danos a si mesmo ou a outras pessoas. Fetiches que são consensuais, seguros e praticados dentro de uma estrutura de relacionamento saudável não requerem necessariamente tratamento. É essencial consultar um profissional de saúde mental qualificado para determinar o melhor curso de ação para sua situação específica

Capítulo 6: Explorando o jogo sexual no BDSM

Incorporando Brincadeiras Sexuais em Atividades BDSM

1.1 Comunicação e Consentimento

Um dos aspectos mais importantes da incorporação do jogo sexual nas atividades BDSM é garantir uma comunicação clara e aberta entre todos os participantes. O consentimento deve ser obtido antes do início de qualquer jogo sexual, e os participantes devem se sentir à vontade para discutir seus desejos, limites e limites (Barker, 2013).

1.2 Estabelecendo uma Palavra Segura

Uma palavra segura é essencial em qualquer atividade BDSM, especialmente quando se trata de jogo sexual. Esta palavra ou frase deve ser única e facilmente compreendida por todos os participantes, permitindo que qualquer um interrompa a atividade imediatamente caso se sinta desconfortável ou inseguro (Easton & Hardy, 2001).

1.3 Incorporando Brinquedos e Acessórios Sexuais

Brinquedos e adereços sexuais podem adicionar um elemento excitante às atividades BDSM. Os participantes devem discutir os tipos de brinquedos que gostariam de usar, garantindo que todos estejam na mesma página e cientes de sua finalidade (Taormino , 2012).

1.4 Interpretação e Fantasia

A dramatização e a fantasia podem ser uma maneira divertida de incorporar brincadeiras sexuais em atividades BDSM. Ao criar personagens ou cenários, os participantes podem explorar seus desejos e fantasias dentro de um ambiente seguro e consensual (Wiseman, 1996).

Compreendendo os limites sexuais e a segurança

2.1 Definindo Limites

Estabelecer limites nas atividades BDSM é crucial para garantir uma experiência segura e agradável para todos os envolvidos. Os participantes devem discutir seus limites e limites rígidos, bem como quaisquer gatilhos potenciais que possam surgir durante o jogo sexual (Brame , 2000).

2.2 Negociando e Respeitando Limites

Uma vez estabelecidos os limites, é importante que todos os participantes os respeitem e cumpram. Isso pode exigir comunicação e negociação contínuas durante toda a atividade BDSM para garantir o conforto e a segurança de todos (Newmahr , 2011).

Técnicas para aumentar o prazer sexual em BDSM

3.1 Jogo de Sensação

O jogo de sensações pode ser uma maneira poderosa de aumentar o prazer sexual em atividades BDSM. Isso pode envolver o uso de vários objetos ou materiais para criar diferentes sensações, como temperatura (por exemplo, gelo ou cera), textura (por exemplo, penas ou corda) ou pressão (por exemplo, cata-ventos ou grampos) (Henkin & Holiday, 1996) .

3.2 Provocação e Negação

Provocar e negar é uma técnica popular no jogo sexual BDSM que envolve estimular as zonas erógenas de uma pessoa, mas parar um pouco antes de atingir o orgasmo. Isso pode aumentar a excitação e criar uma sensação de antecipação para o parceiro submisso (Barker, 2013).

3.3 Jogo de Impacto

O jogo de impacto envolve golpear o corpo com vários implementos, como pás, chicotes ou mãos, para criar sensações prazerosas. Os participantes devem discutir suas preferências e limites de antemão, e é importante sempre usar técnicas adequadas e precauções de segurança (Wiseman, 1996).

Referências:

Barker, M. (2013). Reescrevendo as Regras: Um Guia Integrativo para Amor, Sexo e Relacionamentos. Routledge.

Easton, D. & Hardy, JW (2001). O novo livro de cobertura. Imprensa Verde.

Taormino , T. (2012). The Ultimate Guide to Kink: BDSM, Role Play and the Erotic Edge. Imprensa Cleis .

Wiseman, J. (1996). SM 101: Uma introdução realista. Imprensa Verde.

Brame , G. (2000). Come Hither: Um Guia de Senso Comum para Sexo Excêntrico. Lareira.

Newmahr , S. (2011). Jogando no limite: sadomasoquismo, risco e intimidade. Editora da Universidade de Indiana

Cenário

Cenário: Um casal, Alex (o Dominante) e Jamie (o submisso), estão discutindo a incorporação de brincadeiras sexuais em suas atividades BDSM.

Alex: "Então, tenho pensado em tentar algo novo em nossas atividades BDSM. O que você acha de incorporar mais brincadeiras sexuais?"

Jamie: "Estou definitivamente aberto a explorar isso com você. Que tipo de jogo sexual você está interessado em tentar?"

Alex: "Eu estava pensando que poderíamos começar com algum jogo de sensações, usando diferentes materiais e temperaturas para criar uma variedade de sensações. Também poderíamos tentar alguma provocação e negação para aumentar sua excitação."

Jamie: "Isso parece empolgante! Estou disposto a tentar, mas quero ter certeza de que temos limites claros e uma palavra de segurança estabelecida."

Alex: "Claro, comunicação e consentimento são essenciais. Vamos discutir com o que você se sente confortável e quaisquer limites que você tenha. Quanto a uma palavra segura, que tal usarmos 'abacaxi'?"

Jamie: "Isso funciona para mim. Em termos de limites, estou bem com o jogo de sensação envolvendo temperatura e textura, mas gostaria de evitar qualquer dor ou pressão intensa. Além disso, não quero nenhum jogo de impacto durante nosso jogo sexual".

Alex: "Eu entendo e respeito seus limites. Podemos começar devagar e nos certificar de que ambos estamos confortáveis com as sensações. E evitaremos qualquer jogo de impacto durante nossas sessões de jogo sexual."

Jamie: "Eu aprecio isso. Estou realmente ansioso para explorar isso com você!"

Nesse cenário, Alex e Jamie se comunicam abertamente sobre seus desejos e limites relacionados à incorporação de brincadeiras sexuais em suas atividades BDSM. Eles estabelecem uma palavra de segurança e discutem seus limites, garantindo que ambos os parceiros se sintam confortáveis e respeitados ao longo da experiência.

Capítulo 7: Dinâmica do Poder BDSM

1.1 Serviço Doméstico e Tarefas

A incorporação de dinâmicas de poder por meio do serviço e dos afazeres domésticos pode assumir diversas formas, dependendo das preferências e acordos entre o Dominador e os submissos. O parceiro submisso pode assumir a responsabilidade de limpar, cozinhar ou outras tarefas domésticas como demonstração de sua submissão e devoção ao parceiro Dominante. Isso pode ajudar a reforçar a dinâmica de poder fora do quarto, promovendo um sentimento de conexão e intimidade entre os parceiros (Morgan, 2010).

Em alguns casos, o parceiro Dominante pode atribuir tarefas específicas ou criar um cronograma para o parceiro submisso seguir. Isso pode incluir tarefas diárias, semanais ou mensais que contribuem para a manutenção do espaço compartilhado. Em outros casos, o parceiro submisso pode receber responsabilidades mais gerais, permitindo-lhe decidir como e quando concluirá as tarefas atribuídas. Seja qual for o acordo, é essencial que ambos os parceiros se comuniquem abertamente sobre suas expectativas, necessidades e limitações (Harrington, 2011).

1.2 Rituais e Protocolos

Rituais e protocolos podem ajudar a reforçar a dinâmica de poder entre os parceiros no dia a dia . Essas práticas podem variar muito, dependendo dos indivíduos envolvidos e da natureza de seu relacionamento. Por exemplo, pode-se esperar que um parceiro submisso cumprimente seu parceiro Dominante de uma maneira específica quando voltar para casa, ou pode ser necessário que o submisso peça permissão antes de se envolver em certas atividades (Harrington, 2011).

Regras sobre vestuário e aparência também podem ser implementadas como parte da dinâmica de poder. O parceiro Dominante pode estabelecer diretrizes para as roupas, maquiagem ou aparência do parceiro submisso, seja como forma de controle ou como forma de expressar suas preferências. Essas diretrizes devem respeitar o conforto do submisso, estilo pessoal e qualquer trabalho ou obrigações sociais que possam ter (Morgan, 2010).

1.3 Controle Financeiro

O controle financeiro dentro de uma dinâmica de poder pode variar de simples orçamento e planejamento financeiro a arranjos mais complexos, nos quais o parceiro Dominante assume um maior grau de responsabilidade pelas finanças do casal. Isso pode envolver o parceiro dominante estabelecendo limites de gastos ou subsídios para o parceiro submisso, supervisionando pagamentos de contas ou gerenciando investimentos (Moser & Kleinplatz , 2006).

É crucial que o controle financeiro seja consensual e não leve a dificuldades ou exploração financeira. Ambos os parceiros devem ter uma compreensão clara de sua situação financeira e estar dispostos a se comunicar abertamente sobre suas necessidades e expectativas. Em alguns casos, os parceiros podem optar por manter finanças separadas, mas ainda incorporar elementos de controle financeiro como parte de sua dinâmica de poder (Moser & Kleinplatz , 2006).

Em todos os casos, a chave para incorporar com sucesso a dinâmica do poder na vida diária é a comunicação aberta, a confiança e o consentimento. Ambos os parceiros devem estar dispostos a discutir suas preferências, limites e quaisquer preocupações que possam surgir enquanto exploram a dinâmica de poder fora do quarto.

A importância dos limites e da comunicação

2.1 Limites de Negociação

Negociar limites é um aspecto crucial da incorporação da dinâmica de poder fora do quarto. Esse processo envolve ambos os parceiros discutindo e estabelecendo limites em seus papéis, responsabilidades e a extensão da dinâmica de poder em sua vida cotidiana. Os limites devem ser realistas, respeitosos e alinhados com os níveis de conforto de ambos os parceiros (Barker & Langdridge, 2013).

O processo de negociação pode envolver várias conversas, pois os parceiros podem precisar de tempo para refletir sobre seus sentimentos e preocupações. É importante lembrar que os limites podem mudar com o tempo, e os parceiros devem estar abertos a discussões contínuas à medida que seu relacionamento evolui ou surgem novas situações.

Alguns tópicos potenciais para negociação de limites podem incluir:

Quais aspectos da vida diária serão influenciados pela dinâmica do poder (por exemplo, tarefas domésticas, decisões financeiras, interações sociais)?

Como a dinâmica de poder será expressa em público ou em torno de amigos e familiares?

Existem atividades, comportamentos ou situações específicas que estão fora dos limites ou requerem negociação adicional?

Quais são as expectativas de privacidade e espaço pessoal no contexto da dinâmica de poder?

2.2 Comunicando Necessidades e Desejos

Manter uma comunicação aberta é vital para manter uma dinâmica de poder saudável fora do quarto. Tanto os parceiros dominantes quanto os submissos devem se sentir à vontade para expressar suas necessidades, desejos e preocupações enquanto navegam na dinâmica de poder em sua vida diária (Sheff & Hammers, 2011).

Algumas estratégias para promover uma comunicação eficaz incluem:

Agendar check-ins regulares: reservar um tempo dedicado para discutir a dinâmica de poder, compartilhar experiências e abordar quaisquer preocupações pode ajudar os parceiros a permanecerem conectados e garantir que os problemas sejam resolvidos prontamente.

Usando declarações "eu": ao discutir necessidades e desejos, usar declarações "eu" pode ajudar os parceiros a expressar seus sentimentos e perspectivas sem culpar ou fazer suposições sobre as intenções da outra pessoa.

Escuta ativa: Ouvir atentamente e responder com empatia às preocupações de um parceiro pode ajudar a criar um ambiente de apoio e confiança para uma comunicação aberta.

Incentivar feedback: Ambos os parceiros devem se sentir à vontade para fornecer feedback construtivo sobre suas experiências dentro da dinâmica de poder. Esse feedback pode ajudar ambos os parceiros a aprender e crescer, fortalecendo o relacionamento.

Ao negociar limites regularmente e manter uma comunicação aberta, os casais podem navegar pela dinâmica de poder em sua vida diária, garantindo que ambos os parceiros se sintam respeitados, valorizados e apoiados.

Compreendendo os efeitos psicológicos da dinâmica de poder do BDSM

3.1 Bem-estar emocional

Envolver-se em dinâmicas de poder pode aumentar o bem-estar emocional tanto para os parceiros dominantes quanto para os submissos, promovendo sentimentos de confiança, intimidade e conexão. Isso pode resultar em aumento da autoestima, autoconsciência e uma sensação de crescimento pessoal (Williams, 2012).

No entanto, é importante que os parceiros estejam atentos ao monitorar suas emoções e lidar com quaisquer sentimentos negativos que possam surgir. Isso pode incluir sentimentos de culpa, vergonha, ansiedade ou ciúme. A comunicação aberta é essencial para lidar com essas emoções e garantir que ambos os parceiros se sintam confortáveis e seguros dentro da dinâmica de poder.

Para manter o bem-estar emocional, os parceiros devem:

Verifique regularmente uns com os outros sobre seus sentimentos e experiências
Incentive a comunicação aberta e honesta sobre quaisquer preocupações ou emoções negativas
Esteja disposto a fazer ajustes na dinâmica de poder, se necessário, para lidar com preocupações emocionais

3.2 A importância do pós-tratamento

O cuidado posterior é um aspecto crucial das atividades BDSM, pois ajuda a manter o bem-estar emocional e garante que ambos os parceiros se sintam valorizados e apoiados. No contexto da dinâmica de poder fora do quarto, os cuidados posteriores podem envolver oferecer apoio emocional, toque físico reconfortante ou expressar gratidão e apreço pelos esforços da outra pessoa (Easton & Hardy, 2001).

Praticar cuidados posteriores pode ajudar os parceiros a:

Reconecte-se emocional e fisicamente depois de se envolver em dinâmicas de poder

Aborde quaisquer sentimentos ou preocupações persistentes que possam ter surgido durante suas interações

Reforçar o vínculo de confiança e intimidade entre os parceiros

3.3 Navegando nas Normas Sociais e Culturais

A dinâmica de poder fora do quarto às vezes pode desafiar as normas sociais e culturais. Isso pode envolver quebrar os papéis tradicionais de gênero, engajar-se em estruturas alternativas de relacionamento ou simplesmente desafiar as expectativas sobre o que constitui um relacionamento "normal" (Newmahr , 2011).

É essencial que os parceiros reconheçam esses desafios e trabalhem juntos para superá-los, mantendo uma dinâmica saudável e consensual. Isso pode envolver:

Discutir possíveis reações de amigos, familiares ou colegas e estabelecer estratégias para lidar com essas reações

Estabelecer limites sobre como e quando a dinâmica de poder será expressa em público ou em torno de outras pessoas.

Envolver-se com comunidades de apoio, como BDSM ou grupos kink, para se conectar com indivíduos com ideias semelhantes e compartilhar experiências.

Ao estarem cientes dos efeitos psicológicos da dinâmica de poder do BDSM, os parceiros podem trabalhar juntos para manter uma dinâmica saudável e satisfatória que aumenta seu bem-estar emocional e apoia seu crescimento pessoal.

Referências:

Morgan, M. (2010). O Amante Dominante. Imprensa Verde.

Harrington, L. (2011). Jóias de família: um guia para brincadeiras e tormentos genitais masculinos. Imprensa Verde.

Moser, C., & Kleinplatz , PJ (2006). Sadomasoquismo: prazeres poderosos. Haworth Press.

Barker, M., & Langdridge, D. (2013). Seguro, são e consensual: perspectivas contemporâneas sobre sadomasoquismo. Palgrave Macmillan.

Sheff, E., & Hammers, C. (2011). O privilégio das perversidades: raça, classe e educação entre poliamoristas e pervertidos . Psicologia e Sexualidade, 2(3), 198-223.

Williams, DJ (2012). Minorias Sexuais e Comunidades Sexualmente Alternativas: O Significado Cultural da Identidade Kink. Journal of Positive Sexuality, 1, 8-11.

Easton, D. & Hardy, JW (2001). O novo livro de cobertura. Imprensa Verde.

Newmahr , S. (2011). Jogando no limite: sadomasoquismo, risco e intimidade. Editora da Universidade de Indiana.

NOTAS

NOTAS